NOUV
Hist
drôles

Texte original
Jeanne Olivier

Adaptation thématique
Paul Lacasse

Illustration de la couverture
Philippe Germain

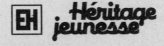

Héritage
jeunesse

Nouvelles Histoires drôles n° 79
Illustration de la couverture : Philippe Germain
Conception graphique de la couverture :
© Les éditions Héritage inc. 2006
Tous droits réservés

Dépôts légaux : 1er trimestre 2006
Bibliothèque nationale du Québec
Bibliothèque nationale du Canada

ISBN : 2-7625-2492-x
Imprimé au Canada

Les éditions Héritage inc.
300, rue Arran
Saint-Lambert (Québec) J4R 1K5
Téléphone : (514) 875-0327
Télécopieur : (450) 672-5448
Courriel : information@editionsheritage.com

À tous ceux et celles
qui aiment collectionner,
écouter et raconter
des blagues.

200 BLAGUES
CLASSIQUES

— Maman, est-ce que ça grossit vite, les poissons ?

— Ça dépend. Tu vois, la truite que ton père a pêchée la semaine dernière, elle grossit d'une livre à chaque fois qu'il en parle !

•

Le prof : Geoffroy, tu iras en retenue après l'école.

Geoffroy : Mais monsieur, je n'ai rien fait !

Le prof : C'est justement pour ça.

•

Monsieur Joly : Ah ! Cette nuit j'ai fait un rêve formidable ! J'ai rêvé que je faisais une super randonnée en forêt en quatre roues.

Madame Joly : Ah oui ? Eh bien moi, j'ai entendu le ronflement de ton quatre roues toute la nuit !

•

Laurent : Mon chien est vraiment très intelligent.

Gilbert : Qu'est-ce qu'il fait de spécial ?

Laurent : Tous les matins, il amène le journal à mon père.

Gilbert : Le mien aussi fait ça.

Laurent : Oui, mais nous, on n'est pas abonnés.

•

— Je te dis que c'est à ton tour de faire la vaisselle !

— Pas du tout ! C'est moi qui l'ai lavée hier soir. C'est à ton tour !

— Écoute, arrêtons de discuter, j'ai une idée.

— Quoi ?

— On n'a qu'à jouer à pile ou face.

— D'accord.

— Bon, alors si c'est face je gagne, et si c'est pile, tu perds !

•

Chez le médecin :

– Quels sont vos symptômes, monsieur ?

– Eh bien hier soir en me couchant, j'ai commencé à avoir très froid. Mes mains et mes pieds étaient glacés, je tremblais de partout !

– Et vos dents claquaient ?

– Euh…. Je ne sais pas, j'avais enlevé mon dentier !

•

Un père et une mère sont sur un bateau avec leur fils. Soudain, le fils tombe à l'eau et coule à pic.

Les parents : Mon Dieu, mon Dieu, rendez-nous notre enfant !!!

Miracle le rejeton ressort de l'eau et réussit à remonter sur la barque.

Le père : Merci, mon dieu, pour ta miséricorde…

La mère : Dis donc, Dieu, le petit, il avait une casquette quand il est tombé ?

•

Monsieur Leblanc est au guichet de la salle de spectacles pour acheter un billet de concert.

– Ce sera vingt dollars, monsieur, lui dit la caissière.

– Alors je vous donne dix dollars, car j'entends juste d'une oreille.

•

Complètement écœuré, un automobiliste arrive au garage au volant de sa voiture.

– Voilà mon problème, dit-il au réparateur, toutes les pièces de cette bagnole font du bruit, sauf l'avertisseur.

•

– Tiens! dit l'entraîneur de boxe à son poulain, prends ce fer à cheval, ça porte bonheur.

– Vous y croyez à ces trucs?

– Bien sûr que oui; surtout si tu le mets dans ton gant.

•

Un poseur de moquette regarnit entièrement le sol d'un pavillon. Enfin terminé, il contemple son travail. Il s'aperçoit qu'il y a une bosse au centre de la pièce. Comme il a perdu son paquet de cigarettes, il pense que plutôt que de tout refaire, il est préférable de l'écraser, ce qu'il fait avec le marteau et les talons. Plus une trace. Il est satisfait, mais intrigué car il vient de retrouver son paquet de cigarettes.

La maîtresse de maison entre, et demande à l'ouvrier : N'avez-vous pas vu mon cochon d'Inde ?

•

À quatre heures, en quittant la classe, le petit Maurice demande gentiment à l'institutrice :

– S'il vous plaît madame, pouvez-vous me dire ce que j'ai appris à l'école aujourd'hui ? Papa me le demande tous les soirs, et je ne le sais jamais !

•

Le prof : Simon, comment peux-tu prouver que la Terre est ronde ?

Simon : Je n'ai jamais fait une telle affirmation.

•

Un avion s'écrase sur la frontière entre les États-Unis et le Canada. Où va-t-on enterrer les survivants ?

– Depuis quand on enterre des survivants ?

•

Il était une fois un petit canard qui allait à la pharmacie... Il entre et demande au pharmacien s'il a des raisins... le pharmacien lui répond non. Le lendemain matin, le petit canard revient à la pharmacie et demande la même question... le pharmacien lui répond non. Après quelques journées de répétition le pharmacien se tanne et avertit le canard que s'il revient lui demander cette question, il lui clouera les palmes au plancher. Le lendemain de cet avertissement, le petit canard revient à la pharmacie.

Le petit canard demande au pharmacien : Avez-vous des clous ?

Le pharmacien lui répond : Non !

Le canard demande alors au pharmacien : Avez-vous des raisins ?

●

— As-tu entendu parler du gars qui a inventé un procédé pour voir à travers les murs ?

— Oui, il a appelé cela une fenêtre...

●

Un prêtre est en train de baptiser un bébé. Il se tourne vers la mère de l'enfant pour lui demander quel nom elle désire donner à son rejeton.

La mère de répondre : Marie-Josée-Isabelle-Julie-Mélanie-Élisabeth-Lise Bouchard.

Le prêtre dit à son assistant : Vite, cours chercher les pompiers. On va manquer d'eau !

●

Un chirurgien annonce à un patient :
— Vous avez une tumeur au cerveau et il va falloir vous l'enlever en totalité. Mais ne vous en faites pas, vous ne vous douterez d'aucun changement !

•

Un condamné à mort, se dirigeant vers le lieu d'exécution, se retourne soudain vers le gardien et lui dit :
— La journée commence très mal !

•

Durant le cours de biologie, l'institutrice demande à un élève :
— André, combien de temps peut vivre une souris ?
— Cela dépend des chats, mademoiselle !

•

Un grand-père fait la leçon à son petit-fils :
— Dominique, dans la vie, il ne faut jamais se laisser manquer de respect. Si on t'insulte, fais payer chèrement

l'insulte! Ainsi, quand j'étais jeune, un jour, j'ai fait dix kilomètres à pied pour casser la figure à un citoyen qui avait dit des choses désagréables sur moi...

– Et tu as fait dix kilomètres à pied au retour? demande le gosse stupéfait.

– Non, mon petit, le retour, je l'ai fait en ambulance.

•

Entendu dans une gare:

– Un billet pour Berthier, s'il vous plaît.

– Mais où se trouve donc cet endroit?

– Pas très loin, juste à côté de moi. C'est mon jeune fils!

•

Un professeur d'histoire à un étudiant:

– Jean, où a été signé le traité de Versailles?

– Au bas du contrat, monsieur!

•

Le juge : Sur les lieux de l'accident, n'avez-vous pas dit au policier que vous ne vous étiez jamais senti aussi bien de toute votre vie ?

Le fermier : C'est exact.

Le juge : Et c'est maintenant seulement que vous venez vous plaindre d'avoir été sérieusement blessé dans l'accident entre la voiture et votre carriole !

Le fermier : C'est parce que, lorsque le policier est arrivé sur les lieux de l'accident, il est allé voir mon cheval, qui avait une patte cassée, et il l'a descendu d'une balle dans la tête. Ensuite, il est allé vers Boby, mon chien qui était couché sur la route et qui se vidait de son sang, et il l'a descendu d'une balle dans la tête, lui aussi. Alors quand ensuite il s'est approché de moi et m'a demandé comment je me sentais. J'ai pensé qu'il valait mieux lui dire que j'allais parfaitement bien.

●

Un médecin se présente au commissariat :

– Je viens porter plainte contre mon patient, monsieur Dupont !

– Pour quelle raison ?

– Eh bien ! Il était fortement enrhumé, alors je lui ai dit de prendre quelque chose de chaud.

– Et alors ?

– Il est parti en emportant mon manteau !

•

Je roulais à une vitesse normale jusqu'à ce que je réalise que j'étais en retard à un rendez-vous très important. J'ai pris le tournant juste sur deux roues.

Il y avait un policier qui me regardait, et il ne m'a même pas arrêté.

Pourquoi ?

Je roulais à bicyclette.

•

Un bègue entre dans une oisellerie : Jjjje voudddddrais un ppperroquet...

Le propriétaire de l'oisellerie dit alors : Veuillez sortir immédiatement, Monsieur ! Vous allez abîmer ma marchandise !

●

Deux très vieux messieurs se retrouvent après des années :

– Robert ! Quelle joie de te revoir ! Je croyais bien être le seul survivant du Bataillon ! Comment as-tu fait pour échapper au carnage ?

– Un coup de chance ! Le capitaine a crié : « tous à la baïonnette ». Et moi j'ai compris : « tous à la camionnette ! »

●

Un jeune garçon est à l'église. Il discute avec le prêtre.

Ce dernier dit : Mon enfant, fais-tu toujours tes prières avant de t'endormir ?

Le garçon répond : Pas besoin, monsieur le curé. C'est ma mère qui le fait pour moi.

Le prêtre, étonné : Ah bon, qu'est-ce qu'elle dit ?

Le garçon : Merci mon dieu, il est couché !

•

Docteur, c'est horrible, mon mari rejette des ronds de fumée par le nez !

– C'est normal, tous les fumeurs en font autant !

– Peut-être, mais lui, il ne fume pas.

•

Vincent : Geneviève, qu'est-ce que tu m'as dit que tu avais donné à ton chat quand il a été malade ?

Geneviève : Du savon à vaisselle.

Vincent : Bon ! C'est ça que j'ai donné au mien mais il est mort.

Geneviève : C'est bizarre, hein ? Le mien aussi est mort !

•

À l'école, un gamin ne comprend pas les mathématiques. La maîtresse essaie de lui faire comprendre grâce à des exemples :

– Regarde. Si tu plonges ta main dans la poche droite de ton pantalon et que tu trouves un dollar, puis tu plonges ta main gauche dans la poche de gauche et que tu trouves un autre dollar, qu'est-ce que tu auras ?

– Le pantalon de quelqu'un d'autre, Madame !

●

– Il y a vraiment un drôle de bruit dans mon moteur.

– Et vous y avez-vu ?

– Oui, je suis d'abord allé au garage de l'autre côté de la rue.

– Ah oui ? Et quel mauvais conseil cet imbécile vous a-t-il donné ?

– Venir vous voir !

●

– Maman, veux-tu me donner 75 cents pour un vieux monsieur?

– Mais bien sûr! Je suis fière de toi, Maxime, c'est bien que tu aides les autres. Où il est ce monsieur?

– Il est là, juste devant l'épicerie, il vend de la crème glacée.

●

La mère : À quoi veux-tu ton omelette?

Le fils : Heu... Je crois que je vais la prendre aux œufs.

●

Quelle différence y a-t-il entre un klaxon et un homme qui a la main prise dans la porte de l'ascenseur?

Aucune. Les deux crient.

●

Le juge : Accusé, ce n'est pas la première fois que vous passez en cour ici.

L'accusé : Monsieur le juge est très aimable de se souvenir de moi!

●

Le garde-pêche : Monsieur, la pêche est interdite ici.

Le pêcheur : Mais je ne pêche pas, je suis en train de noyer mon ver de terre !

•

Marguerite : Maman, si je plante ce pépin, est-ce qu'il deviendra un pommier ?

Maman : Mais oui !

Marguerite : Eh bien c'est bizarre, parce que c'est un pépin de poire !

•

Raphaël est en visite chez une vieille tante qui lui joue du piano depuis au moins une demi-heure.

– Cher petit, est-ce que tu apprécies la belle musique ?

– Oui, mais ce n'est pas grave, vous pouvez continuer à jouer quand même.

•

— Mon voisin garde toujours des bouteilles vides dans son réfrigérateur.

— Hein! Pourquoi?

— C'est pour ses invités qui ne boivent pas!

•

Deux vieux copains discutent de leurs malheurs au travail.

— Qu'est-ce que tu veux! On est sur terre pour travailler!

— Ouais... si j'avais su, je serais devenu marin!

•

Le dentiste: Es-tu sûr que tu as besoin d'amener ton gros pit-bull ici avec toi?

Le patient: Oh! Ne vous inquiétez pas, docteur, mon chien n'a pas l'habitude de mordre! Seulement quand on me fait mal!

•

Le père : Voyons ! Qu'est-ce qui se passe ! Zut, la télécommande de la télé est encore brisée !

Le fils : Euh... Papa ? C'est parce que tu as encore pris ma calculatrice !

•

— Quelle est la différence entre un zoo et tes souliers ?

— Je ne sais pas.

— Dans le zoo il y a plein de singes, dans tes souliers il n'y en a qu'un !

•

Martin est en vacances dans les Antilles. Un soir, dans un bar, il décide de chanter une belle chanson québécoise.

À la première table devant lui, il aperçoit une femme qui pleure à chaudes larmes.

— Chère madame, vous devez être québécoise !

— Non, je suis musicienne !

•

– Maman! Regarde comme je suis gentil! Je partage avec mon petit frère. Je mange des arachides, et je lui donne toutes les écales!

●

La dernière épreuve d'un concours de tir consiste à atteindre une pomme qui se trouve sur le trophée destiné au gagnant.

Le premier participant s'amène et tire en plein milieu de la pomme.

En se frottant les mains, il dit: Je suis médaillé olympique en tir à l'arc.

Le deuxième concurrent tire aussi bien que le premier.

En se frottant les mains, il dit: Je suis champion de la coupe du monde de tir.

Le troisième vise la pomme mais pow! Il atteint le trophée, qui se répand par terre en mille miettes.

Il se frotte les mains et dit: Je suis désolé.

●

La prof : Mathieu, si j'ai sept pommes dans la main gauche et six pommes dans la main droite, qu'est-ce que j'ai ?

Mathieu : De très très grosses mains !

●

Victor est très tannant en classe. Un jour, la prof entend siffler au fond de la classe.

— Victor, c'est encore toi qui siffles en travaillant ?

— Non madame, moi je ne fais que siffler.

●

Monsieur Gouin décide d'entrer dans la marine. Mais il est très gourmand et tout le monde le remarque assez vite. Lors de son premier voyage en mer, le capitaine, assez surpris, découvre que la moitié des provisions sont déjà disparues trois jours après le départ.

– Sergent, dit le capitaine, il se passe quelque chose de très étrange. La nourriture disparaît à vue d'œil. Avez-vous une idée du coupable ?

– J'en ai déjà parlé avec le commandant, mais je pense qu'il est tombé sur la tête !

– Pourquoi ?

– Il m'a dit que le coupable c'est le maringouin. (le marin Gouin)

•

Le jardinier : X&%X YY %$**&@--@QQQ !

Carl : Monsieur le jardinier, pourquoi dites-vous des gros mots à vos tomates ?

Le jardinier : C'est pour les faire rougir !

•

Quelle est la différence entre un babouin et un voleur ? Aucune, les deux ont la police (peau lisse) aux fesses !

•

Lison : Alors, as-tu reçu la guitare que tu voulais pour Noël ?

Sophie : Oui, mais je l'ai jetée.

Lison : Pourquoi ?

Sophie : Il y avait un gros trou en plein milieu.

•

La mère : J'espère que tu n'as pas fait trop de mauvais coups à l'école aujourd'hui ?

Le fils : Pas de danger que je fasse des mauvais coups, je suis toujours en pénitence.

•

Une dame se plaint à l'animalerie :

– Vous m'aviez dit que ce chat était très bon pour les souris ! Pourtant, chaque fois qu'il en aperçoit une, il l'ignore.

– Justement, madame, c'est ça être très bon pour les souris !

•

Il y a cinq oiseaux sur une branche. Un chasseur en tue un. Combien en reste-t-il?

Zéro. Quand le chasseur a tiré, tous les oiseaux se sont envolés!

•

Sur la clôture de Jessica, c'est écrit: «Attention! Chien méchant!».

– Où il est, ton chien? lui demande son ami.

– Tiens, le voilà!

– Mais c'est juste un petit caniche! C'est ça ton chien méchant?

– Chut! Il croit qu'il est un chien méchant!

•

– Il n'y a que les fous qui sont certains. Les gens intelligents peuvent avoir des doutes.

– Tu es sûr de ça?

– Je suis certain!

•

Martin, qui ne sait pas encore lire, vient de recevoir une lettre de son cousin.

– Maman, est-ce que tu voudrais me la lire?

– Avec plaisir, Martin.

– Mais est-ce que ça te dérangerait de te boucher les oreilles? C'est une lettre confidentielle.

•

– Deux oiseaux sont sur un fil. Un des deux décide de partir. Combien en reste-t-il?

– Facile! Un.

– Non, deux, parce que l'oiseau a seulement décidé de partir.

•

Le très riche monsieur Simard entre dans l'autobus:

– C'est combien l'autobus?

– 1,25$.

– C'est beau, je l'achète. Tout le monde dehors!

•

Chez le médecin :

— Docteur, j'ai avalé quatre pièces de un dollar !

— Quand ?

— La semaine dernière.

— Pourquoi avez-vous attendu si longtemps avant de venir me voir ?

— Parce que j'en ai pas eu besoin avant aujourd'hui !

•

— À qui appartient le gros pit-bull dehors ? demande le petit Tom.

— C'est à moi, répond un gros costaud. Est-ce qu'il y a un problème ?

— Euh... c'est-à-dire qu'il est mort.

— Qui a fait ça ? hurle le costaud.

— C'est mon chihuahua.

— C'est impossible, mon pit-bull est le plus fort !

— Ben voyez-vous, en essayant de manger mon chihuahua, votre chien s'est étouffé !

•

Madame Gauthier sort ses ordures ménagères dehors mais le camion des éboueurs vient juste de passer.

– Monsieur! Monsieur! crie-t-elle, avez-vous encore de la place?

– Mais oui, madame, embarquez!

●

Devant la boutique du fleuriste, on peut lire: « Dites-le avec des fleurs ». Monsieur L'Écuyer entre et dit:

– Je voudrais une rose, s'il vous plaît.

– Juste une?

– Oui, je ne suis pas bavard.

●

Richard: Mon père est un grand collectionneur. Il possède une momie vieille de 3000 ans.

Paul: Mon père possède quelque chose de beaucoup plus vieux, une pomme d'Adam.

●

– Pilote à la tour de contrôle. Pilote à la tour de contrôle. J'attends vos instructions pour atterrir.

– Tour de contrôle à pilote. Tour de contrôle à pilote. Pourquoi criez-vous si fort?

– Pilote à la tour de contrôle. Pilote à la tour de contrôle. Ma radio de bord est hors d'usage.

•

Monsieur Robert demande à son voisin qui arrive de la pêche:

– Qu'est-ce que tu as attrapé?

– Ah... une bonne grippe!

•

Le bébé mouffette: Maman, j'aimerais que tu m'achètes un ensemble de chimie pour que je puisse faire des expériences.

La maman mouffette: Quoi? Tu veux empester notre maison?

•

Un scaphandrier venait tout juste d'atteindre le fond d'un fleuve profond, lorsqu'il reçut un message urgent du pont du bateau :

— Remontez vite, le bateau est en train de couler !

●

— Est-ce vrai que tu ne travailles plus pour monsieur Lafortune ?

— En effet, après ce qu'il m'a dit, j'ai quitté mon emploi.

— Et que t'a-t-il dit ?

— Tu es congédié !

●

Un guide montrait les chutes Niagara à un touriste du Texas.

— Je parie que vous n'avez rien de semblable au Texas.

— Non, répond le Texan, mais nous avons des plombiers qui pourraient colmater cette fuite d'eau.

●

Le prof : Voyons, Martin ! Tu es en train de lire ton livre à l'envers !

Martin : Pas mal, hein ? À l'endroit, il n'y a plus de défi, tout le monde sait faire ça !

•

Deux microbes discutent :

– Salut mon vieux ! Tu n'as pas l'air en forme, qu'est-ce qui se passe ?

– Bof, ça ne va pas. Je pense que j'ai attrapé un antibiotique !

•

Benoit : Oh la la, tu as vraiment de gros muscles ! Quel est ton secret ?

Charles : C'est simple. Je mange beaucoup de viande rouge et je suis fort comme un bœuf !

Benoit : C'est bizarre, ça. Moi, je mange beaucoup de poisson, pourtant je n'ai toujours pas appris à nager !

•

Ding! Dong!

— Papa, il y a quelqu'un à la porte qui fait une collecte pour la piscine municipale!

— Donne-lui une couple de verres d'eau!

●

Le juge: Du calme, s'il vous plaît! Le prochain qui crie, je le fais jeter dehors!

Le prisonnier: YAHOU! YOUPI!

●

Françoise fait une randonnée pédestre à la campagne. Sur son chemin se trouve une petite rivière. Elle se demande bien si elle peut la traverser.

— Pardon, monsieur! dit-elle à un vieux fermier qui passe par là. Croyez-vous que je peux traverser la rivière à pied?

— Oh oui! Ce n'est pas creux du tout!

— Merci! Et elle entre dans la rivière. À quelques mètres du bord, la voilà qui s'enfonce jusqu'au cou!

— Franchement, monsieur, lui crie-t-elle, fâchée. Pourquoi vous m'avez fait croire que la rivière n'était pas profonde?

— C'est bizarre, ça! Pourtant, les canards n'en ont pas plus haut que le milieu du ventre!

●

Le patron: Je vous engage, vous commencez ce soir dans une heure.

Le gardien de nuit: Je suis très heureux!

Le patron: Est-ce que je peux vous offrir un café?

Le gardien de nuit: Non merci, ça m'empêche de dormir!...

●

Maman requin se promène avec sa famille sur les lieux d'un naufrage.

— Noubliez pas, les femmes et les enfants d'abord!

●

— Docteur, je n'arrête pas de m'endormir!

— Le jour aussi?

— Oui, même à mon travail!

— Quel métier faites-vous?

— Je travaille à la ferme. Je compte les moutons!

•

Simon : J'éprouve des difficultés avec l'eczéma.

Le prof : Pauvre toi! Et à quel endroit fais-tu de l'eczéma?

Simon : Je n'en fais pas, monsieur, j'ai de la difficulté à écrire ce mot correctement.

•

Henri entre au magasin de jouets pour s'acheter une voiture. Il s'apprête à payer quand le caissier lui dit :

— Hé! toi! Tu t'imagines que tu vas me payer avec de l'argent de Monopoly?

— Ben quoi! Et ça, c'est une vraie voiture, je suppose?

•

La prof : Avez-vous déjà vu des poussins sortir de leur coquille ?

Nicole : Oui, mais moi ce qui m'intrigue, c'est de savoir comment ils font pour rentrer dedans sans la briser !

•

Un plombier étranger est en visite chez sa cousine québécoise qui l'emmène visiter une cabane à sucre.

– Mon Dieu ! dit le visiteur, il faudrait vraiment faire réparer les robinets de leurs arbres, ils coulent tous !

•

Un autobus plein à craquer descend une pente à toute vitesse. Un homme court derrière en essayant de le rattraper. Un passager l'aperçoit et lui crie par la fenêtre :

– Pauvre monsieur ! Vous n'y arriverez jamais ! Attendez le prochain !

– Je ne peux pas, répond-il, essoufflé, c'est moi le chauffeur !

•

Quelle est la différence entre la pelle, le chandail et la semaine?

La pelle a un manche, le chandail a deux manches et la semaine a «dimanche»!

•

Un champion de tir à l'arc se fait interviewer à la télévision.

– Cher champion, demande le journaliste, pourquoi fermez-vous un œil en lançant vos flèches?

– Parce que si je fermais les deux, je ne serais jamais devenu champion!

•

Une puce vient de gagner le million à la loto.

– Chanceuse! lui dit une de ses amies. Qu'est-ce que tu vas faire avec tout cet argent?

– Je crois que je vais m'acheter un chien!

•

– Comment as-tu trouvé les questions de l'examen?

– Les questions? Aucun problème! C'est avec les réponses que j'ai eu pas mal plus de difficulté!

•

– J'ai toujours été premier en classe.

– Toi? Ah bien, ça m'étonne beaucoup!

– Oui, oui! À 7 h, 7 h 15, j'étais toujours là!

•

– À ma mort, je veux léguer mon cerveau à la science.

– Chanceux! Même la plus petite partie de ton corps va servir à quelque chose!

•

Louise: Qu'est-ce que tu fais devant le miroir avec les yeux fermés?

Louis: J'essaie de voir de quoi j'ai l'air quand je dors!

•

Au magasin :

– Que puis-je faire pour vous ?

– Ma montre ne fonctionne qu'un jour sur deux.

– Ah, je vois ! Elle a dû être fabriquée par un travailleur à temps partiel !

●

Michel est allé visiter une ferme. Les cochons l'ont beaucoup impressionné. De retour à la maison, il dit à son père :

– Papa, j'ai vu des animaux qui parlent comme toi quand tu dors !

●

Florence entre chez Archambault musique :

– Bonjour, est-ce que vous vendez des morceaux de piano ?

– Non, ici on a seulement des pianos entiers.

●

– On a trouvé le meilleur laitier du monde.

– Qu'est-ce qui te fait dire qu'il est si bon ?

– Il s'appelle Yvan Dulait !

●

Sébastien : Sais-tu que Carl et Daniel se sont battus cet après-midi dans la cour d'école ?

Jean : Quoi ? Mais je croyais qu'ils étaient inséparables !

Sébastien : Justement, on a dû se mettre à trois pour les séparer !

●

Chez le médecin :

– Que puis-je faire pour toi ?

– Docteur, hier soir j'ai mangé des cerises et depuis ce temps-là, j'ai mal au ventre !

– Tu as bien ôté les noyaux ?

– Les noyaux ? Quels noyaux ?

●

Monsieur Larivière vient de déménager. Son voisin est propriétaire d'une superbe voiture ancienne.

– Wow! Elle est très belle! Elle date de quelle époque?

– De l'époque où j'avais de l'argent...

•

– Sais-tu quelle est la chose la plus importante pour les cannibales?

– Non.

– Trouver une gardienne d'enfants végétarienne!

•

La prof: Émile, est-ce que parking est en français ou en anglais?

Émile: Ni l'un ni l'autre, madame. C'est en asphalte!

•

Alexandra: Alors comme ça, tu crois que tu es meilleur que moi en mathématiques?

Antoine: Absolument.

Alexandra : D'accord ! On va voir si tu peux répondre à ma question. Si dans un pré on trouve un fermier, son chien et ses 10 vaches, combien de pieds y a-t-il en tout ?

Antoine : Facile ! Il y en a 46.

Alexandra : Non, la réponse est 2. Le fermier est le seul à avoir des pieds !

•

C'est l'histoire d'un petit fantôme qui passait toujours à travers la porte. Sa mère lui dit un jour :

— Tu ne pourrais pas passer à travers le mur, comme tout le monde ?

•

Dans quel mois tes parents te demandent-ils le moins souvent de faire ton lit ?

En février, c'est le mois le plus court !

•

Chez le médecin :
— Docteur ! Docteur ! J'ai un grave problème, je crois que je suis invisible !
— Mais qui me parle au juste ?

•

— Le chemin est long des vestiaires au ring, gronde un boxeur.
— Ne t'en fais pas, pour le retour on te portera ! ricane son adversaire.

•

— Atchou !
— Hé toi ! Personne ne t'a jamais dit de mettre ta main devant ta bouche quand tu éternues ?
— Oui, ma grand-mère me le dit souvent. Mais ce n'est pas nécessaire pour moi.
— Comment ça ? Penses-tu que tes microbes sont inoffensifs ?
— Mes microbes ? J'ai toujours pensé que ma grand-mère le faisait pour empêcher son dentier de s'envoler !

•

À l'école, deux copines font leurs devoirs ensemble.

— Dis donc, Jessica, est-ce que ta calculatrice marche?

— Oui.

— Ah oui? Alors attache-la comme il faut!

●

Une pauvre tortue s'est fait piquer la tête par une abeille.

— Mon Dieu! dit-elle, si ça continue à enfler, je vais devoir passer la nuit dehors!

●

Dans un parc, une dame croise une petite fille qui s'amuse avec son chien.

— Comme il est mignon! Comment s'appelle-t-il?

— Wouf! Wouf!

— Euh... c'est un bien drôle de nom!

— Moi aussi je trouve ça. Mais c'est pourtant ce qu'il m'a répondu quand je lui ai demandé son nom!

●

Charles : Mon chat est arrivé premier dans un concours de beauté pour oiseaux.

Hubert : Pour oiseaux ? Comment ça ?

Charles : Il a bouffé le perroquet qui avait gagné le premier prix !

•

Un mauvais chasseur vante son chien :

– Ce chien est très très intelligent !

– Je l'ai remarqué, admet l'autre chasseur. Dès que tu lèves ton fusil, il court se cacher.

•

La prof : Où es-tu né, Rodrigo ?

Rodrigo : Je suis né en Amérique centrale.

La prof : Oui, mais quelle partie ?

Rodrigo : Comment, quelle partie ? Je suis né au complet en Amérique centrale !

•

– Papa?

– Oui, Marie-Pierre?

– Aujourd'hui, à l'école, j'ai eu une punition parce que j'ai refusé de dénoncer quelqu'un.

– Et tu as été punie pour ça? Tu sais, je trouve que tu as eu raison. Je t'appuie dans ta décision. Mais qu'est-ce que ton prof voulait que tu lui dises au juste?

– Qui a tué Jules César.

●

Un homme et sa femme sont en chicane. Ils ne se parlent plus. Quand ils doivent absolument communiquer, ils s'écrivent des notes. Un soir, l'homme laisse une note à sa femme: «Demain, réveille-moi à huit heures.» Le lendemain matin, il se réveille et regarde sa montre: neuf heures! Furieux, il se lève et voit une note sur sa table de chevet: «Debout! Il est sept heures!»

●

Le grand-père : Tu vois, ma petite, le soleil se lève à l'est et se couche à l'ouest.

Véronica : Ah bon ! Mais moi, ce que j'aimerais savoir, c'est à quel endroit il met son pyjama ?

•

Des copains sont partis ensemble en camping. Ils font les repas à tour de rôle. Un bon matin, c'est au tour de Yan.

— Bon ! Qu'est-ce que vous voulez pour déjeuner, aujourd'hui ? Du beurre d'arachide au sable, du miel à la lotion solaire ou de la confiture aux fourmis ?

•

La mère : Gaston ! Tu as mis tes mitaines dans les mauvaises mains.

Gaston : Ah oui ? Dans les mains de qui voudrais-tu que je les mette ?

•

La mère : Simon, pourquoi as-tu lancé une roche à ton frère ?

Simon : Parce qu'il m'avait donné un coup de pied.

La mère : Mais voyons, Simon ! Il aurait fallu que tu m'appelles.

Simon : Pas nécessaire, maman. Je vise bien mieux que toi !

•

Dans le Far West, un cow-boy entre au saloon et demande : Donnez-moi un whisky, avant la bataille.

Le serveur lui donne ce qu'il désire.

Au cours de la soirée, il commande régulièrement à boire, toujours de la même façon : Donnez-moi un whisky, avant la bataille.

Intrigué, le serveur lui demande : Pourquoi « avant la bataille » ?

Le cow-boy : Parce que je n'ai rien pour payer !

•

Deux amis sportifs discutent :

– Alors, ton combat de boxe d'hier soir ?

– Ah ! Tu sais que j'affrontais le grand champion !

– Oui, oui, je sais ! Et comment ça s'est passé ?

– Je lui ai fait peur au premier coup de poing !

– Quoi ? Je n'arrive pas à le croire !

– Hé oui ! Il a vraiment eu peur que je sois mort après le premier coup de poing !

●

Il y a dehors une poudrerie infernale. Monsieur Gauthier est incapable de distinguer la route dans toute cette neige. La seule chose qu'il voit, ce sont les phares de la voiture devant lui. Il décide donc de la suivre. Après quelques kilomètres, la voiture s'immobilise brusquement. Monsieur Gauthier sort de sa voiture et dit à l'autre conducteur :

— Mais qu'est-ce qui vous prend
d'arrêter en plein milieu de la rue !

— Je regrette, monsieur, mais on est
dans mon entrée de garage, ici !

•

Sylviane emmène son ami visiter la
vieille maison familiale.

— Alors, tu vois ici le lit où ont
couché ma mère, ma grand-mère, mon
arrière-grand-père et mon arrière-
arrière-grand-mère.

— Mon Dieu ! Ils devaient être tassés !

•

Monsieur Bernard aperçoit le fils de
son voisin avec un gros marteau dans
les mains.

— Attention, Jean-François ! Tu pourrais te faire mal !

— Oh non ! pas de danger, monsieur
Bernard ! C'est ma sœur qui tient le
clou !

•

Un homme en vélo frappe un passant.

— Vous êtes vraiment chanceux que je sois en congé aujourd'hui !

— Pourquoi me dites-vous ça ? demande le piéton en se tenant la tête.

— Je suis conducteur d'autobus !

●

Marc : Il m'est arrivé hier une chose qui ne se reproduira plus jamais de ma vie, même si je me rends jusqu'à cent ans !

France : Quelle est donc cette chose ?

Marc : J'ai eu dix ans !

●

— Paul s'en va à son cours de musique. Il doit prendre un escalier de douze marches. Il en monte huit. Combien en reste-t-il ?

— Quatre ?

— Non, l'escalier a toujours douze marches !

●

– Mon voisin vient d'écrire un livre.
– Quel est le titre ?
– « Comment devenir riche ».
– Comment s'appelle ton voisin ?
– Monsieur Lafortune !

●

Dans l'avion : Mesdames et messieurs, bienvenue à bord ! Nous vous prions de bien vouloir attacher vos ceintures pour le décollage.

Et un peu plus tard : Mesdames et messieurs, nous désirons vous aviser que vous devrez vous serrer un peu la ceinture parce que nous remarquons à l'instant que les repas sont restés à l'aéroport...

●

L'astronaute : Allô ! Tour de contrôle ! Il y a un vaisseau extraterrestre qui s'est approché de la fusée et un des passagers tient un appareil-photo dans ses mains. Que dois-je faire ?

La tour de contrôle : Souris !

●

Un homme aux jambes croches rencontre un bon matin son copain aux yeux croches.

Celui-ci lui demande :

– Comment ça marche ?

– Comme tu vois !

•

Un homme a installé un télescope dans sa cour et regarde le ciel avec attention. Son voisin, qui est complètement soûl, vient le voir. Il regarde vers le haut lui aussi, et aperçoit au même moment une étoile filante !

– Fiou ! lui dit-il, tu vises bien !

•

Deux extraterrestres sont en mission sur la Terre. Ils se retrouvent sur un boulevard devant un feu clignotant et l'un des deux dit à son ami :

– Wow ! As-tu vu la belle Terrienne qui vient de me faire un clin d'œil ?

•

Deux petits microbes se retrouvent sous un microscope.

L'un dit à l'autre : Fais un beau sourire, je crois qu'on nous regarde !

•

Jacques : Pourquoi ton serin ferme les yeux quand il chante ?

Alexis : Parce qu'il connaît sa chanson par cœur !

•

Jean se dirige vers la bijouterie en transportant une énorme horloge grand-père qui a besoin de réparations. En traversant la rue, il accroche un garçon qui tombe par terre, face contre terre.

— Oh ! Je m'excuse ! Je suis vraiment désolé ! J'espère que tu ne t'es pas fait trop mal ?

— Non, non, ça va, répond-il, en colère. Mais franchement, ça ne te tenterait pas de porter une montre, comme tout le monde ?

•

Premier voisin : Je suis désolé, ma poule a abîmé vos plates-bandes !

Deuxième voisin : Bof ! Ne vous en faites pas ! Mon chien vient de manger votre poule.

Troisième voisin : Alors vous êtes quittes ! Je viens justement d'écraser votre chien !

●

En camping :

– Maman ! crie Carole, je viens de voir un ours près de la glacière !

– Mais non, voyons ! Il n'y a pas d'ours ici, c'est une hallucination !

Dix minutes plus tard, Carole revient en courant :

– Maman ! Maman ! L'hallucination a ouvert la glacière et a commencé à manger nos sandwichs !

●

Deux bandits discutent :

– Pourquoi es-tu en prison ?

– Parce que je suis très myope.

— Juste pour ça?

— Eh oui! Quand je suis entré pour voler la banque, je n'ai pas vu qu'un policier était à la porte!

●

— Mon grand-père boit beaucoup de café.

— Tu devrais lui dire que ce n'est pas très bon pour la santé!

— Ah non?

— Absolument! C'est comme un poison qui agit très lentement.

— C'est sûr que ça agit lentement! Ça fait 75 ans que mon grand-père en boit!

●

Au cours de sciences naturelles:

— Aujourd'hui, dit le prof, nous allons parler du gorille. Et pour que tout le monde comprenne bien de quoi je parle, regardez-moi très attentivement...

●

À l'entrée du centre commercial, un homme se fait arrêter par un vendeur ambulant :

– Cher monsieur, avez-vous besoin de chocolat, d'un portefeuille, d'un tournevis ?

– Laissez-moi tranquille, s'il vous plaît, j'ai bien d'autres choses qui me trottent dans la tête ces temps-ci !

– Ah ça tombe bien, j'ai aussi du shampoing contre les poux !

●

Au cours d'histoire de la nature :

– Quelle est la plante la plus utile pour l'être humain ? demande la prof.

– La plante des pieds !

●

La mère : Bon ! Alex a le nez qui coule lui aussi ! Sophie, on dirait que tu as donné ton rhume à ton frère.

Sophie : Je ne pense pas, je l'ai encore !

●

Le père : Comment se fait-il que tes notes en histoire soient aussi basses ?

Le fils : Papa, ce n'est pas ma faute ! Le professeur nous enseigne seulement des choses qui sont arrivées bien avant que je sois au monde !

•

La classe de Joëlle visite une ferme. Un des élèves demande au fermier :

– Mais que faites-vous donc ?

– Je mets du fumier sur mes fraises, mon petit.

– C'est plutôt étonnant ! Moi, je mets du sucre !

•

Jacques revient de l'école avec un œil au beurre noir. Sa mère lui dit :

– Jacques, je t'ai pourtant souvent demandé de te calmer à l'école et de compter jusqu'à 100 avant de te battre.

– Je le sais, maman, c'est ça que j'ai fait ! Mais la mère de l'autre garçon lui avait dit de compter jusqu'à 50 !

•

– Docteur! Docteur! Que dois-je faire? Ma petite fille vient d'avaler sa fourchette!

– Dites-lui de manger avec ses doigts!

•

Le fils: Maman, qu'est-ce qui nous prouve que manger des carottes soit bon pour la vue?

La mère: As-tu déjà vu un lapin avec des lunettes?

•

– Que se passe-t-il avec ton chat et ton canari ces temps-ci? Il y a longtemps que tu ne m'en as parlé!

– Eh bien, imagine-toi donc que Mistigri a complètement cessé de courir après Pinson.

– Ah bon! Tu as réussi à le dresser?

– Non, il a réussi à l'attraper!

•

Le juge : De quoi est accusé cet homme ?

L'avocat : C'est un passionné de la vidéo.

Le juge : Mais, on ne peut emprisonner une personne parce qu'elle aime prendre les gens en vidéo.

L'avocat : C'est que ce monsieur ne prend pas d'images vidéo, il ne prend que les appareils !

●

La famille de Martine arrive à l'aéroport avec des bagages plein les bras !

– Tout ce qui nous manque, dit le père de Martine, c'est le four micro-ondes !

– Franchement, papa ! Tu ne trouves pas qu'on est assez chargés comme ça ?

– Non, non, ce n'est pas ça. C'est juste que j'ai laissé les billets d'avion sur le four micro-ondes...

●

Le père : Qu'as-tu appris à l'école aujourd'hui ?

La fille : Que les choses se contractent au froid et se dilatent à la chaleur.

Le père : As-tu un exemple ?

La fille : Bien sûr. C'est pour cette raison que les jours sont bien plus longs en été qu'en hiver !

●

Le fils d'un bandit revient de l'école :

– Comment ça s'est passé, aujourd'hui ? lui demande son père.

– On a eu un examen oral.

– Tu as bien réussi ?

– Oh oui, papa ! Ils m'ont posé des questions pendant une demi-heure et je n'ai rien dit !

●

Une dame appelle à l'école un matin de grosse tempête :

– Je suis très inquiète ! Je voudrais savoir si mon fils est bien arrivé à l'école.

– Bien sûr, lui répond la secrétaire. Dites-moi le nom de son professeur, s'il vous plaît.

– Il n'a pas de professeur! Mon fils est le chauffeur d'autobus!

•

L'élève : Pourquoi le directeur de l'école n'a presque pas de cheveux ?

Le professeur : Parce qu'il est très intelligent et qu'il réfléchit beaucoup!

L'élève : Et pourquoi en avez-vous autant ?

Le prof : Tais-toi et travaille!

•

Un frère et une sœur se disputent :

– Tu crois vraiment que je n'ai pas de tête ?

– Non, non, je sais que tu as une tête. C'est juste dommage qu'elle ait été installée à l'envers!

•

Le fils : Maman, je voulais te faire une belle surprise. Alors, j'ai préparé le souper.

La mère : Mais c'est fantastique !

Le fils : Le problème, c'est que le chien l'a tout avalé !

La mère : Ne t'en fais pas ! On achètera un nouveau chien !

•

Un homme explique à son ami :

– J'ai perdu mon emploi pour une raison de santé.

– Comment ça ?

– Eh bien… mon patron était allergique à ma présence !

•

Le juge : Comment pouvez-vous dire que vous n'êtes pas coupable ? Il y a ici trois témoins qui vous ont vu voler !

L'accusé : Peut-être ! Mais moi je peux faire venir ici au moins 500 personnes qui ne m'ont pas vu voler !

•

– Tu sais, je suis quelqu'un de très doux.

– Ah, bon...

– Je ne ferais même pas de mal à une mouche. À moins qu'elle ne m'attaque la première!

•

Thomas est au pied de l'escalier roulant, qu'il observe sans bouger. Un passant lui demande s'il a besoin d'aide.

– Non, répond Thomas, j'attends juste que ma gomme à mâcher revienne!

•

Francis : Avant, mon père regardait toujours le golf à la télévision.

Paulo : Ça ne l'intéresse plus?

Francis : Oui, mais son médecin lui a dit qu'il avait besoin de plus d'exercice. Alors maintenant, il regarde le hockey!

•

Un prisonnier se réveille et dit à son compagnon de cellule :
— J'ai fait un rêve merveilleux !
— Quoi ?
— J'ai rêvé que mon propriétaire me jetait à la porte !

●

Chez le médecin :
— Docteur, depuis une semaine, je vois tout en double !
— Bon, je vais vous examiner. Couchez-vous sur cette table.
— Laquelle ?

●

Laurent : Maman !
La mère : Oui ?
Laurent : J'ai découvert que mon ami Jérôme écrit avec sa main gauche. C'est bizarre, non ?
La mère : Mais pas du tout ! C'est parce qu'il est gaucher !
Laurent : Ah bon ! Je croyais que ses bras avaient été installés à l'envers !

●

Chez le médecin :

– Docteur, la dernière fois que je suis venue vous voir, j'avais des problèmes de peau.

– Je me souviens, madame Trahan.

– Vous m'aviez conseillé d'éviter les endroits humides.

– C'est ça !

– Ce que j'aimerais savoir, c'est si je peux prendre un bain maintenant ?

•

Chez l'optométriste :

– Avec ces nouveaux verres, tu vas pouvoir lire parfaitement !

– Voulez-vous dire que je n'aurai plus besoin d'aller à l'école ?

•

La fille : Aouch ! Je viens de me faire piquer un doigt par un maringouin !

La mère : Lequel ?

La fille : Comment veux-tu que je le sache, ils sont tous pareils ces maringouins !

•

Deux amis se promènent avec leurs beaux souliers de course neufs. Ils voient par terre des « traces » que semble avoir laissées un chien. Un des deux se penche, sent, met son doigt dans la « trace » et goûte.

– Fiou ! C'est bien ce que je pensais ! Heureusement qu'on n'a pas marché dedans !

•

Claudia : Quand je mange trop de chocolat, je n'arrive pas à m'endormir.

Marco : C'est drôle, moi c'est le contraire. Quand je dors, je n'arrive pas à manger du chocolat !

•

Mireille entre en colère dans la chambre de son frère.

– C'est toi qui as pris la boule de neige que j'avais cachée dans ma garde-robe hier soir ?

•

DRRRing! Ashley répond et se met à sauter de joie!

— Que se passe-t-il? lui demande son amie.

— Mon père vient de gagner le million!

— Fantastique!

Un peu plus tard, le téléphone sonne de nouveau. Ashley répond et se met à crier plus fort.

— Mais qu'est-ce qui te rend encore si joyeuse?

— Je viens d'apprendre que le père de ma sœur vient de gagner le million!

•

Un journaliste demande à un voyageur quelle a été la plus grande émotion lors de son voyage autour du monde.

— Sans aucun doute le jour où j'ai été fait prisonnier par des cannibales en visitant les îles Sandwich, répond le voyageur.

•

Un citadin fait une balade sur un petit chemin de campagne. Il ne sait plus où il est rendu. Tout à coup, le chemin bifurque et il n'y a aucune affiche. Un vagabond s'approche.

— Dites-moi, demande le citadin, où conduit le chemin qui va vers la gauche ?

— Je ne le sais pas, répond le vagabond.

— Et où mène le chemin qui va vers la droite ? reprend le citadin.

— Je l'ignore, fait encore le vagabond.

— Vous n'êtes pas très brillant, s'exclame le citadin.

— Je ne suis peut-être pas brillant, mais moi, au moins, je ne suis pas perdu.

•

Une employée d'une société d'aviation demande à un client :

— C'est vous qui voulez aller à Rimouski par le vol hyperéconomique ?

— C'est bien moi, lui répond le monsieur.

– Alors, tendez les bras pour que je puisse fixer vos ailes et vous pourrez prendre votre envol.

•

Monsieur Faucher arrive au ciel. On lui demande ce qui lui est arrivé.

J'étais en voyage en train de traverser, sur un petit pont suspendu, une rivière infestée d'alligators. Soudain, un câble a lâché et le pont a basculé ! Mais heureusement tout le monde a réussi à s'accrocher à la rampe. Malheureusement, nous étions trop nombreux et la rampe menaçait de se briser.

Le guide nous a dit : « Quelqu'un va devoir se sacrifier et sauter pour sauver les autres. » Finalement, un homme s'est laissé tomber.

– Mais pourquoi êtes-vous ici au ciel si tout s'est bien terminé ?

– Le guide nous a dit que cet homme courageux méritait bien qu'on l'applaudisse...

•

– Il paraît qu'écouter de la musique est une excellente façon de se détendre.

– Peut-être, à condition de ne pas avoir un voisin trompettiste !

•

Deux souris se rencontrent sur le trottoir :

– Attention ! Il y a un gros chat noir de l'autre côté de la rue !

– Et puis ? Je ne suis pas superstitieuse !

•

Yves : C'est vrai que tu es sorti de la classe en plein milieu de l'après-midi ?

Bernard : Oui, après ce que la prof m'avait dit, il n'était pas question que je reste une seconde de plus !

Yves : Mais que t'a-t-elle dit ?

Bernard : « Au bureau du directeur tout de suite ! »

•

– Ça va plutôt mal avec ma femme ces temps-ci.

– Comment ça ?

– Elle passe ses soirées au casino.

– Ne me dis pas qu'elle a un problème de jeu ?

– Non, elle me cherche !

●

Le téléphone sonne à trois heures du matin chez le bijoutier.

– Allô ! répond-il tout endormi.

– Bonjour ! J'ai laissé ma montre chez vous hier pour la faire réparer. Pourriez-vous me dire l'heure s'il vous plaît ?

●

Alex : J'ai appris que ta mère venait de donner naissance à un nouveau-né ?

Didier : Oui, mais je me demande si on peut dire nouveau-né. À l'entendre pleurer, on dirait qu'il a une très longue expérience !

●

Deux frères se disputent. Leur mère en a assez de les entendre et intervient :

– Que se passe-t-il au juste ?

– C'est François ! Je lui ai demandé de me donner un bonbon et il ne veut pas. Moi je lui donne tout ce qu'il veut, et lui ne me donne jamais rien !

– Ce n'est pas vrai, Pascal, l'année dernière ton frère t'a donné la varicelle !

●

Des amis discutent dans la cour de récréation :

– Moi, mon père est un homme très apprécié dans son travail.

– Ah oui ?

– Oui, chaque fois qu'il arrive quelque part, tout le monde l'accueille avec la plus grande joie ! Il est vraiment très populaire !

– Mais que fait-il au juste ?

– Il est pompier !

●

Sébastien est très fier de son nouveau chien. Il en parle avec son ami.

– Quelle sorte de chien est-ce ?

– C'est un chien policier.

– Mais il n'a pas l'air de ça du tout !

– C'est parce que c'est un agent secret !

●

Au restaurant :

– Avez-vous des cuisses de grenouille ? demande la cliente.

– Oui, madame, répond le serveur.

– Pauvre vous ! Si vous portez toujours des pantalons, personne ne devrait s'en apercevoir !

●

Le prof : Que dois-tu faire quand tu te promènes en forêt et que tu vois un ours ?

L'élève : Espérer que l'ours ne me voit pas !

●

Le prof : Si je tiens trois pommes dans ma main gauche et cinq pommes dans ma main droite, combien j'ai de fruits en tout ?

L'élève : Excusez-moi, mais je pense que vous n'êtes pas capable de faire ça !

•

Vincent demande à une dame qui passe sur le trottoir :

— Pardon, madame, voudriez-vous m'ouvrir la clôture, s'il vous plaît ?

— Bien sûr, mon petit. Regarde bien comment je fais, tu pourras l'ouvrir toi-même demain.

— Oh ça va, demain la peinture sera sèche !

Autres thèmes
dans la collection

BLAGUES À L'ÉCOLE (3 livres)
BLAGUES EN FAMILLE (4 livres)
BLAGUES AU RESTO (1 livre)
BLAGUES AVEC LES AMIS (6 livres)
INTERROGATIVES (4 livres)
DEVINETTES (1 livre)
BLAGUES À PERSONNALISER (3 livres)
BLAGUES COURTES (2 livres)
BLAGUES CLASSIQUES (1 livre)
BLAGUES DE NOUILLES (2 livres)
BLAGUES DE GARS ET DE FILLES (2 livres)

CONCOURS

Presque aussi drôle qu'un Ouistiti!

On te dit que tu es un bouffon,
un(e) petit(e) comique,
un drôle de moineau?
Peut-être as-tu des blagues
à raconter? Envoie-les-nous!
Tu auras peut-être
la chance de les voir publiées!

Fais parvenir ton message
à l'adresse qui suit:
Droledemoineau@editionsheritage.com

À très bientôt...